あなたの人生をナビゲーション

桐山靖雄監修
ASUKA・画／村中創・構成

あなたの人生をナビゲーション

はじめに

「努力」「忍耐」「智慧」が揃えば、怖いものなし

私たちは、今あるこの瞬間にのみ生きているわけではありません。〝今〟という瞬間は、すぐ過去のものとなり、未来もやがて〝今〟となるのです。つまり時というのは立ち止まることがないのです。私たちの人生は、いうなればテーブルの上を転がるボールのようなもの。テーブルから落ちてもまた床を転がっていきます。そして、遮蔽物がなければ、机の脚などにぶつかりながらもボールの勢い（力）が続く限り止まることはありません。

生きるとは、そういうことであり、人生を川の流れに譬えた歌にある

ように、止めどなく流れていく存在でもあります。

では、ただ転がり、流されるままに生きるのかというと、決してそうではありません。人間は、他の動物にはない優れた脳を持っています。その脳の優れたところは、単に文明・文化を築く能力に長けているだけではありません。

生きる目標を持ち、そこに生き甲斐を感じるという、人間だけに与えられた人生の楽しみを享受できる点にあります。

努力と忍耐、そして智慧があれば、この世に解決できない苦悩はほとんど存在しないといってよいでしょう。

時間が解決する場合もあれば、専門的な方法で解決されることもあります。

いやむしろ、苦悩こそ人間を鍛え、成長させるスプリングボードとなるのです。それは、多くの成功者の事例が証明しています。

目標があるかぎり、どんな悩みもその助けとなると信じ、自分は必ず成功するのだ、と強く思うことが大切です。

「思う」こと、「信じる」こと、これこそ人間最大の能力であり、そこから人生を豊かにする智慧が生まれてきます。とくに仏教には、信仰から「智慧」という高い潜在能力を引き出す方法があり、多くの人たちが実践しています。

「努力」「忍耐」「智慧」——あなたに、この三つが揃ったならば、この世に怖いものなど存在しないのです。

二〇一一年一月 吉日

桐山靖雄

目次

はじめに 3

1 人は自分の鏡 11

第1話 悩んで、そして… 15

第2話 同僚に自分の姿が… 23

第3話 鏡には、どんな自分が…? 31

2 家族は同じ船に乗る運命共同体 39

第4話 登校拒否、拒食症に悩んで… 43

第5話 両親の仲がギクシャクして… 51

第6話 両親に理解されて… 59

3
神仏の加護が得られる人間になることが大切 67
第7話 思いやりが欠ける家族の中で… 71
第8話 家族に悩まされ続け… 79
第9話 信仰の力が、家族を変える 87

4
自分が変われば、世界も変わる 95
第10話 荒れる父親に耐えて… 99
第11話 不思議な声がして… 107
第12話 自分が変われば、世界も変わる 115

1

人は自分の鏡

必ず自分に原因がある。
この原因を深く考えるところに、
自分の進歩向上があるということです。

桐山靖雄『説法六十心1』

※これはフィクションです。実在の人物等とは一切関係ありません。

私は川口ひとみ
銀行員をしています
最近悩んでいることを友達のはるみに話したら…
私、いいとこ知ってる、占いとかして相談のってくれるの、ASUKAさんていうの、すてきなお姉さんがいて、
お祓いとかもしてくれるの
えっ
それって宗教？
どうしよう
ムリ！ムリ！私、そういうのダメだから
そか…
ムリじゃなくていいの！行ったからって勧誘なんかしないよ。でも、いいんじゃないかなと思ったの

う～ん
困ったな～ まさか、はるみちゃんが………
こわいしー 関わりたくないけど でも… ケンカするのもやだし
……カドが立っても、って思ってるでしょ！
えぇ～っ
図星！
わかるわよ だって、私もそうだったから
だから、ムリしなくていいの
でも、その気になったらいつでも
あ、はい…

銀行
はあー。
だから、なんでその仕事を私がやんなくちゃいけないいんスか！
なんでって、私、休暇とるんで……
とらなきゃいいんじゃないスかもしくは、ほっとく…
とにかく私はやらないんで…休ケー、いきま～す
ちょっと!!

なんとかしなきゃ…

このままじゃ、私、困っちゃう〜！

胃痛ッ！

その時、
私の中で浮かんだイメージがあったのです。すごくやさしくしてくれるASUKAさん…

ブルル…

あ、はるみちゃん私…

——そして、私はASUKAさんという人を訪ねることになったのです。

【第1話】♥ワンポイント・メッセージ♥

人は誰でも救われたいと思っている

どんな人の人生も順風満帆ではありません。

仕事や生活につまずき、苦悩し、病に苦しむこともあります。

そうした辛い人生にあっても、よい出会いが救いになることがよくあります。

人は苦しいとき、救いを求めて心を開き、救われる道を求めるものです。

そんなときに、「あ、そういえば……！」

と思い出すような仏縁の〝種〟が以前から植えられていれば、将来、その人はきっと門を叩くにちがいありません。

その際には温かく迎えて差し上げてほしいですね。

ともかく、仏縁の種撒きがなにより大切です。

信仰への誘いは、私たちにはこれしかないありがたい教えで、自分が得た幸せを周囲の人たちと分かちあいたいと思っても、なかなか敷居が高くて、飛び込んでもらうことは難しいものです。

世の中には首を傾げたくなるような宗教もあります。

でも、そこで腰を引いてしまっては、せっかく本物の仏教を教わっている意味がありません。本物は必ず理解され、求められるはずです。

ただ、自分の信仰に自信があるからといって、相手に無理強いするのは禁物。

出会って仏縁が生じるのも時期というものがあります。

それを〝待つ〟ということも大切なのです。

【第2話】 同僚に自分の姿が…
だから、悩んだときは、絶対に密教占星術なんだって
どんより
う〜ん
そんなんで変わるのかな？アヤしくない？
あ…、ASUKAさん！
ドキッ

ドキ
え……?
あの人……
どうぞ座って——♡
密教占星術
コレ椅子ねー
キョロ
なんか
私も占おー
密教占
フシギ空間だな~

でもなんか、落ちつく…
——で？
川口さんは会社の人間関係で悩んでたのね
何でも言ってみて！
お茶どれにする？
その人は——
なんだかとても人の気持ちを…
和らげてしまうフシギな人でした
ジンジャー
カモミール
会社でどうしても気の合わない子がいて、
この前も私が休暇をとる時、彼女に仕事をお願いしたら
「なんでその仕事を私がやんなくちゃならないんスか！」

なんでって
私――、
休暇
とるんで…
休暇
とらなきゃ
いいじゃない
スか!
って言われるし…
彼女って全てにおいて
後ろ向き…
ロクに挨拶も
してくれないし
いっつも
ムスッとしてるし
ムスー
ドサッ
もう最悪なんです
彼女も
仕事も…
だからもう
会社に行くの
イヤなんです
まあまあ
お茶のんで
ケーキ食べる?

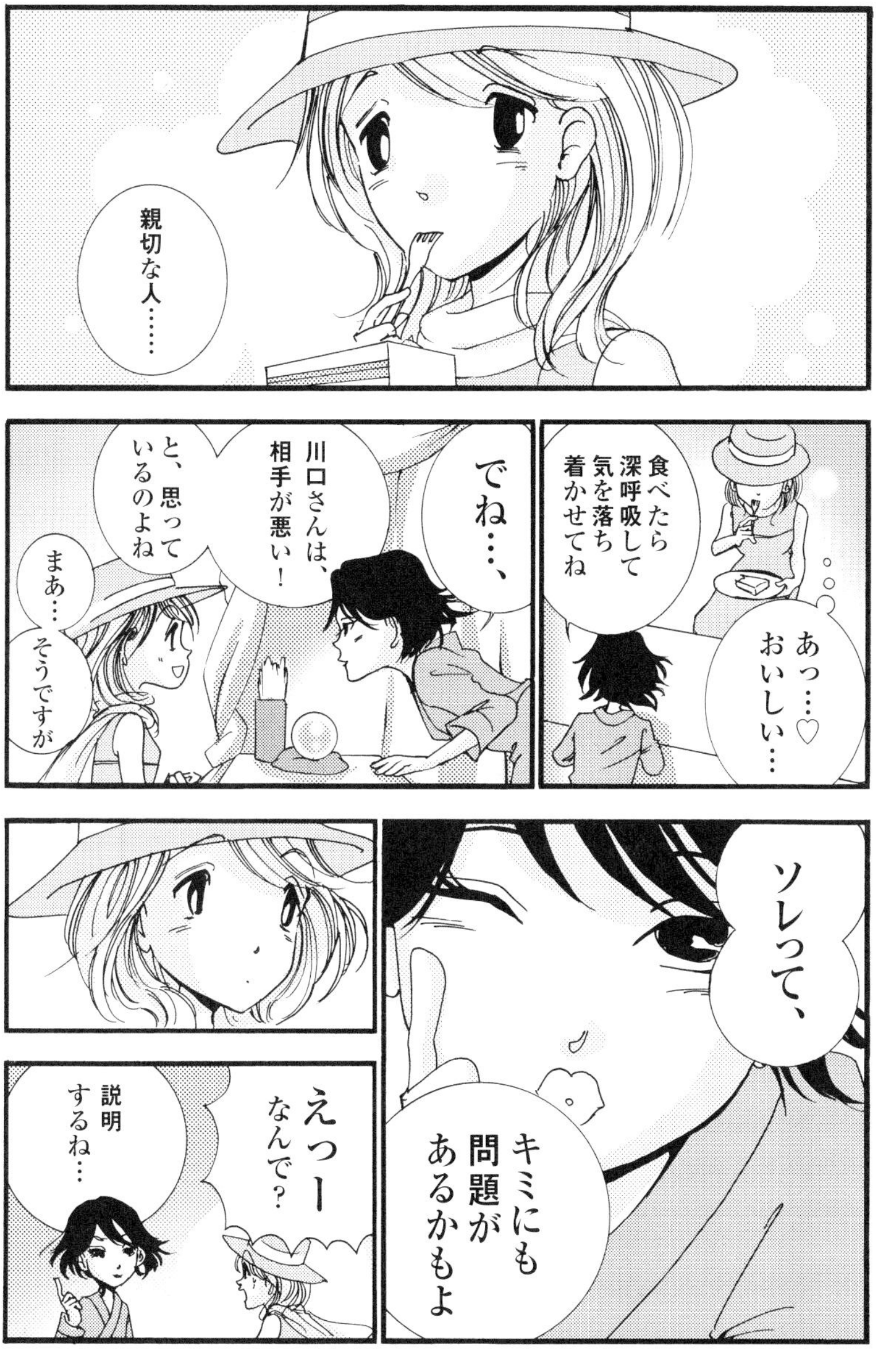

親切な人……
食べたら
深呼吸して
気を落ち
着かせてね
あっ…♡
おいしい…
でね…、
川口さんは、
相手が悪い!
と、思って
いるのよね
まあ…
そうですが
ソレって、
キミにも
問題が
あるかもよ
えっー
なんで?
説明
するね…

人は自分の鏡

職場の人間関係で悩み、出社するのも嫌になっているＯＬの川口ひとみさん。彼女が同僚と親しくできないのは、相手とソリが合わず、相手も自分を敵視しているからだと思っているからです。

しかし、彼女のそうした不満は、じつは自分自身のことを語っているのではないでしょうか。

彼女も同じ欠点を持っていて相手を悩ましているのではないでしょうか。

対人関係は、鏡のようなもので、自分の人間像のはねかえりであることが多いのです。自分のほうから性格を直せば、人間関係の悩みやいらだちはほとんど消えてしまうでしょう。そうすると心の平和と安定が保たれ、小さなことでケンカしたりいらだったりすることが自然となくなってしまいます。

また、主人公の彼女が嫌だと思う人間と関わることになったのは、お互いの縁によって結ばれたからで、その縁はお互いの持つ因によって引き寄せられたのです。つまり、類は縁をもって集まるわけです。親子、夫婦、兄弟姉妹、知人友人、同僚、その他あらゆる人間関係はそれぞれが持つ因縁のグループで結ばれているのです。

どんな人でも長所は必ずあります。意地の悪い目で見れば短所に見えても、好意的に見れば長所であることもあります。どちらに見えるかは、その人の見方の問題です。人間には、他人に理解してもらいたい、欠点を許してもらい友情や愛情を示してほしい、という願望が根底にあります。そこを理解する心の広さ、忍耐強さを持つように努力しなくてはなりません。

それには他人の良いところを見る習慣を身につけることで

す。往々にして、相手の長所を探し出して理解を示せば、同僚の態度が変わってくるだけでなく、自分自身の人間性も豊かになり、周囲からも温かい目で見られるようになるものです。

ですから、お互いの因縁の歯車をよい方向に組み合わせ、よりよい人間関係を築いて人生に成功と幸福をもたらしましょう。

【第3話】 鏡には、どんな自分が…？
いやー ビックリって いうか
目から ウロコって いうか
まさか自分が 悪いって言われる とはね…
なんかASUKAさん の言うことって ハッとさせられる でしょ？
明日会社で、 言われたことを 試してみたら？

……そうだね ちょっと勇気 いるけど……
きっと彼女は あなたの鏡よ
試して み…よう
…かな？ う…ん
「あなたの鏡よ」って どういう 意味なんだろう
女子更衣室
おはよ～
えっ
ねえ、今日 一緒に ランチしない？
ムリで なければ…

驚いたことに彼女は来てくれたのです
チリーン
来てくれてありがとう
あっ…、あのね…私…この前のことで考えたのね…
私…もしかして加藤さんに昔失礼なことしたんじゃないかって…
もし…そうなら、謝りたいし…
私の悪いトコあったら教えて欲しいの…。
言って…いいの…？
もちろん！
川口さんて仕事できる人だと思うけど…
けっこう、私の仕事の遅さを責めるじゃない？

えっ？
去年の決算でも…
えっ、ウソ！まだ出来てないの？
信じらんない！
…とか言うし。あと、お客さんにはすごく愛想がいいのに
身内には雑ってみんな言ってますよ
ええっ!?
そっ…、そう言われれば…
はい…かしこまりました
はい…申し訳ございませんでした…
ガチャ
クル
あ～めんどい客だった
はい！これ、クレーム！謝っといたけど、すぐに直して郵送して！今後、気をつけて！
契約書
確かに人から見たら超二重人格で高飛車で嫌なヤツ…!!

他には
他には…？
ごめん、私、お客さまを大切にって思いすぎて…
でも悪気はなかったの
他にも言って直すから！
う…ん
びっくりなんですけど、他の人にもイヤな思いをさせてたことに気づかされて…
私、救われたのかも、加藤さんにまさに彼女は私の鏡でした…
よかったネ
悪い縁がよい縁に変わったのね
彼女はきっとこれから一番の親友になってくれるわよ！

【第3話】♥ワンポイント・メッセージ♥

他人の欠点より、自分自身をみつめよう

どんなに嫌いな相手でも、互いに縁があれば仕事や生活の上で関わらざるを得ず、また、自分と同じような因縁を持つ相手は自分の鏡のような存在になります。

そこで主人公は、鏡である相手から自分では気づかなかった欠点を教えてもらおうと考え、思い切って同僚をランチに誘ったところ、普段自分が気づいていなかった欠点を指摘され、初めて自分のことが分かったのです。

私たちは、同じような欠点の性格を持つ人を嫌悪する傾向にあります。しかしその欠点こそ自分自身の欠点でもあり、逆にそれが相手を悩ましているかも知れません。そう考えると、人間関係で悩んだり怒ったりするのは、まったく的外れだという

ことがわかります。したがって、相手の欠点を見て怒るというのは、鏡に映る自分に腹を立てているようなものです。

主人公は仕事でパニックになった瞬間によくない性格上の欠点が出てしまったようです。

そこで、つい腹を立ててしまい、同僚からも嫌われることになってしまいました。腹が立ったのは、同僚や顧客先のせいであり、自分にはひとつも原因がない、と思ったからでしょう。

しかし、ものの道理、つまり因縁因果の法則が分かっていたならば、とても怒るどころではなくなります。

「要するに、この世の中のものすべて、どんなものでも、原因となるものがなくて生ずるものはなく、また、因あって生じてもこれを助長するところの縁がなくては存在しない。因と縁がかさなってひとつの経過をたどり､結果があらわれてくる」(『説法六十心1』 桐山靖雄著　平河出版社)

自分の性格が因となり、それが職場の人間関係の悩みとなっ

て、その結果、出社拒否というところまで発展しかねませんでした。その寸前で気がついたのは幸いです。

どんな環境、どんな人間関係でも、その原因は自分自身にあり、自分の心構えが変わればよい縁に変わっていくのです。

2

家族は同じ船に乗る運命共同体

先祖をはなれて自分はなく、
先祖と自分、子、孫、みな一体なのである。
少なくとも、因縁のうえでは、
先祖という根から出ている幹であり、枝なのである。
因縁切りは、
先祖の因縁から切りはじめるよりほかないのである。

桐山靖雄『龍神が翔ぶ』

ASUKAさん 例の娘さんのことで悩んでいる田村さんです
はじめてあったとき
彼女は小枝のようにやせ細ってました
どうぞお座り下さいね
【第4話】登校拒否、拒食症に悩んで…

娘がちっとも学校へ行きませんで
食事も全くとりませんし困っているんです
…あなたお名前は？
…。
洋子でしょ、ほら！しっかり言いなさい
本当にあなたってば
…
お母さん今日は帰っていただけますか…？
え…？
娘さん…お母さんが居て話しづらいこともあると思うので…
ね？
チッ
チッ
チッ
チッ
トクトク…

はい♡
15分経ち…
…
30分経過…
あの…
ニコー
話す気になった…？
何が辛くて学校行かなくなっちゃったのかな？
ゴハンは吐いちゃうの？
病院は行ってる？
学校は別に…
単にだるいってだけで…でも、もう長く休みすぎて…行きづらい

うん…
ね、占い、興味ある?
お誕生日おしえてくれない?
占いってね本当に困ったり人生で袋小路のとき不思議な力をくれるのよ
はい…
ALC相談
あなたは、八白土星ね若い時、苦労するけど

これから だんだんよくなる から平気
ほんと？
うん♡ ただ… 察すると…
親御さんに 運気を 剋されるとか
え…
肉親血縁相剋の 因縁が あるかもしれない かなと…
ええっ!?
なんですか？ それ…？ 教えて下さい
もしかして 父と母の 仲の悪いのも 関係あるの!?
やはり…
そういう理由が あったのね

家族は同じ船に乗る運命共同体

家族は、同じ船に乗っているようなもの。そして、社会という大海を進んでいます。船長は父親、ナビゲーターは母親かもしれません。

今回の相談者の田村洋子さんも、〃田村号〃という家族が運命を共にする一艘の船に乗っています。ところが、船を操る両親の仲が悪いため、洋子さんは毎日悩み、登校拒否や拒食症に陥ってしまいました。このままだと、〃田村号〃の航海は多難といわざるを得ません。

では、こうした家庭はどんな因縁を持っているのでしょう。

両親の仲が悪いのは、「肉親血縁相剋の因縁」「夫婦縁障害の因縁」が考えられますが、子どもの運気を削ぐ因縁も持ち合わせている場合もあるようです。

「わが子の運気剋する因縁……これは肉親血縁相剋の因縁の変型で、親がわが子の生命力を害するのである。そのため、子どもは年中病弱となる。……〈中略〉……父親にしても母親にしても、この因縁があると、子どもが必ず異常に反抗するのである」（『チャンネルをまわせ』桐山靖雄著　平河出版社）

洋子さんの場合は、登校拒否と拒食症という形で親に反抗しているわけで、自分を防衛しようとして、そうした態度に出るわけです。

そこには洋子さん自身の問題も絡んでいますが、第一に両親がそうした因縁に気づいておらず、洋子さん一人の問題としか見ていないところに本当の原因があると思われます。

この問題を家族全体の問題としてとらえて原因を取り除き、家族のチームワークをよくしていくことが先決です。

そうすれば、〝田村号〟は順風満帆、楽しい航海を続けて行くことができるはずです。

【第5話】両親の仲がギクシャクして…
お父さんとお母さんどうしたの？話してくれる
…
ご両親の生年月日は？
父は昭和34年6月5日で…
母は36年の4月7日…です

ふ～ん
あなたは八白だけど
お母さんは三碧木星初年運ね
若いときよすぎたから結婚に幸せを見出せなかったかも…
お父さんは運の強い人ね会社員ではないんでしょ?
…!
不動産の会社の経営です
そうでしょ? 3～4年前すごくよかったんじゃない?
今…よくないのかな…? 起業されたのは…7年ぐらい前…
あ
どうしてわかるんですか…?
その通りです…父は私が小学生だった7年前に会社を起こして

動産
中学生になった3～4年前一気に業績が上がって
マンション
テナント
それから
あんまりです…あなたをずっと信じてきたのに…
君と洋子を困らせるようなことはしていない
お金だけ渡せばいい訳じゃありません!!
これだけの家を買って毎月100万も渡すことがどれだけ大変かわかっているのか!!
いやあやめて!

父は浮気
してるみたい
でした
母は若いとき
客室乗務員
として働いて
たんです
華やかな
毎日をすてて
お父さんと
結婚したのにって
すごく泣いて
そのあと
父の仕事
うまくいかなく
なって
彼女は父親と母親の
醜い部分や
人生の挫折をみて
人生を拒否して
しまったの
でしょう
それが拒食症という
重篤な状態を引きおこした
のだと思いました

心配しないで…大丈夫…みんな占盤に出ているわ
お母さんは若年運だしお父さんは運が強すぎて家族を傷つけやすいうえ、中途挫折の因縁をもっているかも
でもみんな克服できるのよ
ましてあなたは大人になるほど運がよくなるのよ
本当に…？
まずはちゃんと病院にいきましょう
拒食症は根深いものだからちゃんと専門家に相談して治すのよ
でも、それだけじゃなくて
あなたの家族の因縁も切らないと
そうでなきゃ、また同じことをくり返すわ
そんなことできるんですか
…方法…おしえて下さい！

家庭環境を好転させる先祖供養

田村洋子さんは、「子どもの運気を剋す因縁」をもつ親への反抗心から登校拒否や拒食症を引き起こしているのではないでしょうか。

両親の仲の悪さも洋子さんにとって大きな負担となっているようです。特に、父親の仕事がうまくいかず、父親もそこから逃げるように浮気に走ったことで両親の仲は悪化し、夫婦喧嘩も激しさを増していきました。

「われわれが生活している家庭が、地獄の様相を呈することがある。たとえば、『つよい肉親血縁相剋の因縁』『つよい夫婦縁障害の因縁』があらわれた家庭がそうです。『つよい肉親血縁相剋の因縁』というのは、親子、兄弟が血の雨を降らすような争いをする因縁です。年中、同じ屋根の下で暮らす者が、敵同士のように毎日睨み合い、啀み合います。親子で睨み合い、夫婦で睨み合って口をきくどころではありません」（『アラディンの魔法のランプ』桐山靖雄著　阿含宗出版社）

昨今、親同士、親子同士がいがみ合い、それが悲惨な事件に発展するケースを報道でたびたび目にしますが、田村家の場合は、洋子さんが田村家を救う役割を担うことで事態は好転する可能性が出てきました。

そうした人がいない家庭では、坂を転がるように家族関係が悪化することがあります。といっても心の中では、家族は皆、なんとか状況を打開したいと願っているはずです。

しかし、願っていても打開するための行動に移せないところに因縁の恐ろしさがあるのです。

「状況を打開するための行動」とは、どんな行動でしょう？

田村家の場合は、父親がもっていると思われる「中途挫折の

因縁」と「色情の因縁」、母親がもっているであろう「つよい夫婦縁障害の因縁」に気づき、それがどこから由来しているのかを知って、当人に関わる正しい先祖供養を行うことがもっとも大切です。

つまり、それらの因縁の大きな部分が先祖からの影響によるもので、また同じ因縁をもつ先祖の運命を両親が反復している可能性もあるからです。

こうした先祖との関わりを理解し、心を込めた供養を行うことで、家庭環境はしだいによくなっていきます。

ご両親と一緒に先達に会いに行きましょう
【第6話】両親に理解されて…
そうしたら、きっとよくなるから
道場
お嬢さんのこと伺いました
人生色々あるから、あまり悩まないでみんなで考えましょうね

先達は私より ずっと占いに くわしいから、
ご家族全員の 状態を解きあかし てくれると 思いますよ
……馬鹿馬鹿しい
あなた!
……非科学的だと 思うでしょうね
でも、 それで いいんです
まあ、婆の 戯れ言と思って 聞いて下さいな
一応ご家族 全員の誕生日を 伺って
調べさせて いただきました
お父さんは 昭和34年6月5日 生まれ
お嬢さんは 平成4年11月3日 生まれ
——この星は、 若い時に 苦労するけど
晩年どんどん 良くなるので とにかく 気に病まないことね

でもお嬢さんは繊細な方なので色々傷ついておいでですね
とくにお父さん
あなたはとても運が強い、とくに7年前起業していますね?大きなチャンスがあったはずです
あ……
合っているなぜ…?
星にすべて出ていますからね
さらに2年前からご家族以外でとても親しい方がおいでです
ホラ、隠せないのよ
奥さん、ご主人を責めても逆効果ですよ

運の強い人は…何か成し遂げる力を持つ反面、家族の運を剋して苦しめてしまうことがままあります
それに気付いて回りと調和して生きてもらえたら…
とくにお父さん、おそらく最近仕事運が悪くなりはじめてますね？
！
…そういうこともわかるのか？
ご家族に目を向けきちんと先祖供養すれば
いろんなことが良くなってきます
それからお母さん、若いときが色々華やかだった分、今がつまらなくて娘さんに夢を託そうと干渉しすぎていませんか？
お嬢さん、辛かったかもしれません
洋子…辛かったの？私の態度…あなたを苦しめてた…？
ポロポロ

ごめん、私たち色々改めるから……ご飯を食べて元気になってちょうだい
あなたが死ぬようなことがあったら、生きていけないの…！
家族そろってご先祖をご供養し、これから家族をつくり直しましょう
病院も必要ですが、でも、家族の問題を正さなくては解決しないのよ
洋子…
私も色々考え直す…だから
元気になってくれ……
その後、ご家族は先祖供養のおかげで互いに理解し合えるようになり、
少しずつですが、洋子さんは回復しています

先祖への供養が、家族繁栄への近道

家族は「同じ船に乗る運命共同体」、両親の家系と縁で結びついた人たちが現世で運命的に出会い、家族という枠組みの中で互いに影響し合いながら生きていくのです。

「家運衰退の因縁」「肉親血縁相剋の因縁」「夫婦縁障害の因縁」「わが子の運気剋する因縁」などを持つと、家族は安穏に暮らすことができなくなります。互いにいがみ合い、地獄のような様相を呈することがあります。

しかし、解決のキーワードがあります。

それは、「家系」です。

家系においては、家族は皆同じ流れの下にいるわけですから、その源に遡り家系の因縁浄化（供養）をすれば、家族を縛ってきた悪しき因縁の鎖はしだいにほどけてくるはずです。

また、一家の大黒柱たる父親の因縁が、家庭に大きな影響をおよぼしています。仕事と女性問題です。会社を経営する父親は運気が強い反面、仕事半ばで挫折する「中途挫折の因縁」が顔をのぞかせています。

この因縁を持つ人を見ると、運気（生命力）の強い人が多く、中途で挫折してはまた立ち上がり、また七、八分通りで挫折して、そのままになるかと思うとまた立ち上がって、また挫折する、というような七転八起の起伏はげしい人生を送る人が多いようです。

さらに主人公の父親には、夫婦仲を引き裂くような「色情の因縁」があります。

この因縁は、男女が異性（同性の場合もある）によって苦しんだり傷ついたりするもので、家運衰退の因縁のもととなる因縁です。また、夫、妻が、その配偶者の色情のトラブルで苦し

められる場合もあり、これも色情の因縁があるということになります。

つまり、色情の因縁は父親だけでなく、母親にもあり、そこから田村家の家運衰退が惹起されていると考えられます。

そこで家運をよくするためには、まず家系の因縁の浄化、先祖供養が必要となります。先祖供養には、さまざまな方法がありますが、大事なことは先祖に対する供養の気持ちをしっかりと持つことです。家運繁栄の道は、そこから拓けてきます。

3

神仏の加護が得られる人間になることが大切

法によって高い知的能力を得たならば、
人はおのずから高い道徳意識、
倫理観を持つのである。

桐山靖雄『密教・超能力の秘密』

ASUKAさん、今日は男の方の相談です
彼はミノルさん、24歳
突然すいません……
僕、修行を続けていく理由がわからなくなっていて
…どうぞ 座って
はい
お茶を—
元々どうして入行したのか、聞かせてもらっていい？
【第7話】思いやりが欠ける家族の中で…

母…ですね…
母に連れられて…
○○○道場
母は夫婦仲が悪いのを悩んで
入行したんですけど…
あとおばあちゃんが…
下の孫のボクだけ可愛がって…兄を邪険にして…
母は悩んでたみたい
ただいま
――ミノルいるかい?
うん! おばあちゃんおかえり~
いい子にしてたかい?
はい、おみやげ!
わ~い
ありがとうおばあちゃん
お兄ちゃんのは?
ないよ

……
お兄ちゃん
あげる
いらないよ
あたしゃ、
ミノルに
あげたんだよ
タツミ?
おばあちゃん
お帰りなさい
——どうしたの?
さあね、
あたしゃ
疲れたから
ねるよ
お夕食は?
いらないよ
お弁当を
買ってきた
からね
祖母は母の実の
母親ですが、
困った人で——
ボリボリ
7時の
ニュースです
……
わがままなんですね
それでみんなが
ふり回されました

父もさらに厳格だったので大変で――
義母さんはどうしたんだ 帰ってるんだろう？
お部屋でたべるからいいって
またか―― 病気になったら面倒見るのはこっちなんだぞ
タツミ！何だその握りバシは…
お前、子供をもっと教育しろ！何だこいつはいつも恨みがましく…
でも兄がひねくれても仕方なかったと思うんです あんなに差別されて…
母は…本当に大変だったと思う…僕から見たらよくおばあちゃんと暮してたなと思う
だっておばあちゃんはおじいちゃんに死なれたときも働かず…
母は中学卒業したあと工場に住み込みで働いて苦労したんです

昭和45年
お母さん給食代は
ないよ
お父さん死んじゃったからね
…あたし卒業したらどうしたらいいの？
働いてほしいねえ私が働くと手当が出ないからねえ
住み込みとかどっか仕事探したらどうだい
あなたのお母さんの苦労…並大抵じゃないわ
相当の因縁がおありだと思う…もっときかせて

先祖の徳を得て、思いやりのある家庭生活を

この男性は、わがままな祖母と厳格な父親に振り回されてきた母親の苦悩に心を痛めています。父親も亭主関白で、妻だけでなく子どもにも自分の価値観で厳しく当たるようです。両親の仲も悪く、本来やすらぎの場であるべき家庭がいつも張りつめた緊張状態にあります。

家族をつなぐ糸、それは思いやりと愛情です。ところが、この家庭ではその糸が細く、切れる寸前だともいえます。心の安寧を求め、子どもと共に信仰の道に入った母親の気持ちはよく分かります。

『仏舎利宝珠尊和讃』に、

家系の因縁断ち切りて　先祖の業障除くべし

父母祖父や祖母どちの　おかせし悪因悪業は
血肉を通して子や孫の　悪しき運命のもととなる

とあります。

家族間の愛情が欠落し気持ちがバラバラになるのは、先祖の霊障、因縁が深く関わっています。最も近い先祖は両親であり、祖父母ですが、さらに以前（四代、五代前）の先祖の影響も考えられます。

「わたくしたちは、先祖からさまざまなものを受け継いでいます。…（中略）…「玄徳」というのは、わたくしたちが先祖から受け継いだ徳である。その中には、良い徳もあれば、不徳・悪徳もある。…（中略）…良い徳、悪い徳をひっくるめて、子孫に出ているわけでありますす」（『アラディンの魔法のランプ』桐山靖雄著　阿含宗出版社）

その悪い徳の典型が、「家運衰退の因縁」です。

「この因縁の持ちぬしは、きまって、三代くらい前までは栄えていた家柄に生まれている。それが、一、二代前から急速に家

運が衰え、衰微してきている。この家運衰退は、霊障からきているのである」(『守護霊が持てる冥徳供養』桐山靖雄　平河出版社)

つまり、霊障にもとづく悪因縁を切るためには、まず成仏法による解脱供養が必要となります。さらに、先祖の冥の助けを得る冥徳供養も大切です。その両輪が相まって、安定した幸せな人生を歩むことができるからです。

自分の世界に閉じこもりがちな祖母も、家族にも言えない辛いことが過去にあったことでしょう。

しかもそれは「急速に家運が衰え」てくる時期だったはずです。

このことを家族がよく理解し、互いに思いやりを持ちながらよく話し合うことが必要です。

僕の家系には……
夫婦縁障害と家運衰退の因縁があるみたいで…
【第8話】家族に悩まされ続け…
何代か前にも色々とありそうに思うわ
家系図に書ける？
分かる範囲で…
うち、結構複雑なんですよ父方のほうも貧しくて商家に養子に入ったり…
とにかく祖父が死んだあと生活の苦労は母がみんな背負ってました
祖父
(早逝)
祖母
(働かない)
母
父
(ボンボン)
兄
僕

辛かったと思うわ
早く家庭を持って幸せになりたかったんじゃ
ええ、そう思います
でも父がまた気難しい人で…
母とちがって苦労してないから大変だったと思います
養子
(貧しい)
祖父
祖母
継父
祖母
(働かない)
再婚
母
不仲
父
(ボンボン)
不仲
不仲
兄
僕
父の親…つまり父方の祖父は貧しい家から商家に養子にきたんですね
だから父方の祖父は苦労人ですが
父は結構甘やかされて…大変なんです
お母さんがみんな苦労しょってるよね…

さらに結婚してまもなく
RRRR
もしもし
お母さん…!
再婚した旦那が死んだんだよ 葬式手伝っておくれ
それとワタシのことあんたのトコで面倒みとくれよ 旦那の実家金持ちなんだろ?
この人は…何だろう…娘の私の面倒を見ることもしなかったのに
自分が困れば〝親だから〟っていうの?
やはり家でゴロゴロしているだけの祖母と父母がうまくいくはずもなく
さらに兄を無視するなどしたので家はメチャメチャになり

○○○道場
どうされました?
さ、どうぞ入って…
母は…

泣いて泣いて入行したそうです
入行しなかったらきっと死んでいたと
それからの母は夢中で因縁を断ち切る修行をし先祖供養もしますが…
おまえは何をやっているんだ!!
私に隠れて何をしているんだ!!
間違ったことはしていません
ふざけるな!!
これ以上好きにやったら
離婚だ…!
どうしてわかってくれないの…
そんなことが…!

先祖への供養が、家族繁栄への近道

　肉親血縁相剋、家運衰退、夫婦縁障害の三つの因縁に操られ、幸せな生活が営めない家庭。これは、先祖からくる霊障が主な原因です。

　しかし、解脱供養さえすればそれで万事うまくいくというわけではありません。私たちは先祖の因縁を受けつぎながらも、前世からの因縁も現世に持ちこしているからです。

　同じ家系に生まれた兄弟でも、前世の因縁が異なれば、先祖から受けつぐ因縁も異なります。前世の因縁がA家の先祖の因縁と合致したため、A家に縁が生じA家に生まれることになったのです。

　つまり、先祖をタテ糸、前世をヨコ糸とすれば、双方が交わるところに現在の自分が存在することになります。では、どうしたらヨコ（前世）の因縁を切ることができるのでしょうか。

ひと言で言えば、修行すること。具体的には「戒行」と「課行」の実践です。

「課行」は、主に積徳の行で、精進行、奉仕行、供養行、布教行、托鉢行などの「生善」の修行です。この二つの行が両輪となってヨコの因縁切りが進みます。

大善地法の実践は、根本煩悩をなくすこと、つまり悪い心の因縁を断ち切ることです。この家族が持つ因縁、肉親血縁相剋、家運衰退、夫婦縁障害はそれぞれ地獄界、餓鬼界、畜生界の境界にあたり、「貪」「瞋」「癡」という根本煩悩が作用しています。

この三つの煩悩とは、

「貪」……むさぼり。欲しい、惜しい、という心。

「瞋」……いかり。腹立ち。憎み怒ること。自分の心にかなわ

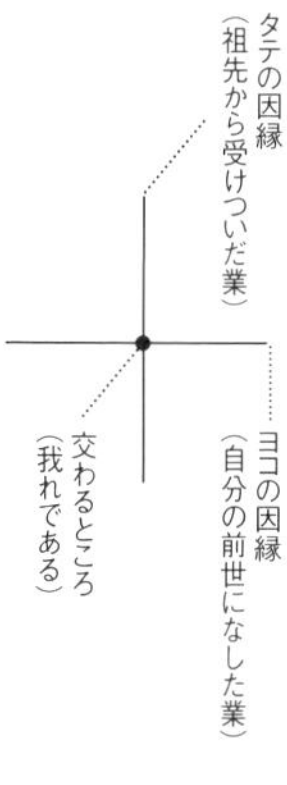

タテの因縁
（祖先から受けついだ業）
ヨコの因縁
（自分の前世になした業）
交わるところ
（我れである）

ない対象を憎悪すること。

「癡」……無智のこと。愚昧。もろもろの道理に迷う愚癡の心作用。

これらはいわば性格の問題といえますが、潜在意識と深層意識から呼び起こされる心の作用であり、意識を変えるためには、奉仕行や布教行、托鉢行などの「行動」が必要となります。

行動しないで、ただ思考だけで何とかしようとしても、その思考自体が煩悩から出てくるので、結局何も変わらないということになります。しかし、行動パターンを変えれば、性格が変わり、因縁も切れるのです。

男性と母親も、性格を変え因縁を切ったならば、その姿を見て、父親も自然と理解を示すようになるでしょう。家族の理解が得られるよう智恵を絞り、努力することも大切な修行です。

【第9話】信仰の力が、家族を変える

母は本当に真剣に信仰してたんです
私 信仰をやめたら生きていけない
私には信仰が必要なの…信仰しなかったら——もう
生きてゆけない!
わああっ
それくらい家庭が辛かったんだと思います——父も

…信仰は わからんが…
これからは 家のことは 俺が管理する
毎月の 生活費だけ 渡す
……
道場
○○
そうですか… 大変 でしたね
私… できる限りと 思ってたんですが
供養も できなくなり ました
無理してまで することでは ないですよ
でも… 何もしないと
よくなって 行かない ですよね
私…今の 家庭を変える 努力はいつも していたんです

あの家を変えたいんです…!そうでないと私
耐えられない…!
心配しないでお金がない時は身供養といって奉仕で替えることができるんです
十分なご利益があるんですよ
だから泣かないで
母は本当に必死でした
お母さん
なんだいまた信仰かい?家のこともしないで
お腹空いたでしょ?今すぐご飯にしますからね
待ってて下さいね

え…？
あ…ああ…
父も祖母も
善意で答える母に何も言えなかったようです——
母は本当に必死で——優しくなろうとしました
母の苦労を思い出しました…あんな風に頑張ってくれたから
離婚せずにオレたち大きくしてもらえたのに…オレ…何で信仰を疑ったんだろう
よくあることよ迷いながら確かにしていけばいいの
大事ですよね修行するって
家庭がいくら暗くても道場に来ると笑える場所があったから
母は生きてこれたのだと思います
母のこと思い出したら
兄も淋しかったろうって…今気づきました

しばらくけむたく思ってましたがメールか電話してみます
そうね
ところでおばあちゃんはまだご存命で?お父さんは?
ええ…実は
すっかり動けなくなって寝たきりですが
母がしっかり介護してるので本人も父も母には頭が上がらなくて
お母さんの強い信仰が家族を変えたのよ
…すごいね
お母さんは深い業を背負ったけどそれを乗り越える心を持っていたのよ
でも…信仰がなければできなかったと思うの
オレ…やっぱりしっかり信仰続けます
母にこのあと電話してみますね!!

【第9話】♥ワンポイント・メッセージ♥

神仏の加護が得られる自分になることが大切

親や夫のことで苦しみ悩む母親は、家庭を変えるためには信仰が不可欠だと認識しているようです。それだけに、家族の理解がどうしても必要となります。

「家庭を変える努力はいつもしていた」母親ですが、自分ひとりの力だけで家庭という環境を変えようとしても、自分もその家系と深い縁で結ばれているので、自分を含めて変えなければどうにもなりません。

「一つのことを成功させようと思ったならば、自分を助けてくれる縁がなければいけません。これが助縁です。……純真に仏さまのために尽くしてごらんなさい。絶対に道が開けるのです」

（『仏陀の真実の教えを説く（上）』桐山靖雄著　平河出版社）

つまり、自分を変えるには、他の助けが必要であり、その絶対無比の助けが仏さまの力なのです。

では自分を変え、仏さまの助けを得るにはどうしたらよいのでしょう？

まず、修行者として自分を確立させなくてはなりません。それには仏教修行の根本となる「信・戒・施」を保つ必要があります。信・戒・施とは、

「信」…正しい智慧で信心の心を起こすこと。

「戒」…仏教徒としてやってはいけないことはやめ、やらなくてはいけないことは積極的にやること。

「施」…徳を積むために布施の行をすること。

この三つが土台です。

しかし、それだけではまだ完全ではありません。

「修行者として進歩するためには、教えを聴かなければいけません。最低でも毎月の例祭には参加して、わたくしの法話を聞くことが肝心です。…〈中略〉…教えを聴かないと独断的にな

るからです」（『仏陀の真実の教えを説く（上）』桐山靖雄著平河出版社）

そして、法話の内容をよく理解し、自分の修行に生かさなくてはいけません。その上で、できるだけ家族や知り合いなどにも法話を聴いてもらうよう努力します。

自分だけ教えを理解し、一生懸命に修行しても、人にそれを勧めないようでは真の仏道とはいえない、ということです。

人の幸せを考え、行動することによって、いつも神仏から護られるような人間になり、自分も家族も幸せになっていくのです。

4

自分が変われば、世界も変わる

人間は、
因を育て上げる縁をみずから作る力を持っている。
だから
この縁のつくり方次第で
実の結ぶ期間は自由自在です。

桐山靖雄　『幸福への原理』

【第10話】荒れる父親に耐えて…

それ以来
学校へ行って
ないんです
私には詳しく
話してくれない
ので困って…
由貴ちゃん
よく
ASUKAさん
と話して
…お母さん
勤行してる
から…
じゃ…
あとでね
ガチャ…
…小さい頃から
色んな事が
うまくいかなかったり
した…？

どうして わかるん ですか？
そういう 思いが ある…？
あります！ 私…何か不運を 招く因縁が あるんじゃないか とか……
そういうのって なおせるん ですか
…そうね ちゃんと修行 すればね
由貴さんは 何で自分を 不運だと 思うの？
よかったら 話して…
私…の家… ひどかったんです 父は働かないで… アルコール依存症で
でも私の小さい 頃の父は働き者 だったんです
実は割と有名な 遊園地を経営 していて
働きづめで 家族旅行も したことあり ませんでした
夏休み どこか行こう よ…
ごめんよ じゃあパパの 遊園地に おいで

でも…結局
すまん
オレは忙しい
から何でも
乗せてやって
ママ…由貴の
パパはどうして
一緒に遊べないの?
他のおうちのパパは
みんな遊んでるよね
あの頃から
「うちはよそと
違う」と思い
はじめたのかも…
やがて色んな
理由で遊園地が
人手に渡って
からは…
オレは
どこかへ
勤めになんて
出れないよ
父は飲むだけ
母が別に
オモチャ屋さんを
経営しての生活に
なりました
母が信仰に
夢中になった
のはその頃です
密教占星術
入行はもっと前の
水子供養が
きっかけだった
みたいで
由貴には
本当はもう2人
お兄さんが
いたのよ
え?
お兄さん2人の
あと…「男はもう
産むな」って
2回…中絶させ
られたの

おばあちゃんがお父さんにそう言ったの
お父さんはマザコンだからおばあちゃんの言うなり…
お母さんあんたのことは産みたいから…大きくなるまで黙ってた
その時もぶたれたけど…お母さんお前がいてよかった…
本当は出て行きたいけど…お前のために離婚できないわ
お母さん…
私は…母が愛おしくて可哀想で仕方なかったです
でも家はどんどん荒れて…
何だその目は！
お前オレをバカにしてるだろう
お父さんやめて!!
そんなこと学校の友達には言えないから
私小学校からずっと…友達…いなかったの
由貴ちゃん…

どんな不運にもめげない忍耐力と明るさが必要

「私たちは、いつでも、どこでも元気いっぱい、元気はつらつとしていなければいけません。昔から、偉大な仕事をなし遂げた人、あるいは成功した人は、どんなときでも元気いっぱい、元気はつらつとして自分の人生を歩んでいきました。彼らといえども、泣きたいとき、苦しいとき、絶望するときも何度かあったでしょう。けれども、彼らはそれを表に出さず、元気いっぱい、勇気を奮って自分の人生を築いていった」（『さあ、やるぞかならず勝つ』桐山靖雄著　平河出版社）

朔日縁起宝生護摩の法話の冒頭で、繰り返し述べられる言葉です。

人生には多かれ少なかれ苦しみが伴います。自分自身のこと、家族のこと、様々なことで悩み、苦しみながら、毎日を送っています。

しかし、それをマイナスにとらえるか、プラスに考えるかで人生が変わるのです。

こんな内容の法話があります。

戦時中、砲兵工廠で働く一人の青年が画家をめざして努力する過程で、運悪く職場の事故で片腕を切断し、画家の夢も潰えたかに見えたが、青年は、「僕にとってはかえって幸せなことです。片腕を失っては、もう絵を描くことしかできません。これは、絵に専念せよという、神様の思し召しかもしれません」と心から思い、さらに努力を重ねた結果、その後著名な画家になり美術学校も設立しました。

どんな不運、不幸にもめげず、それを逆に味方に引き入れて夢を実現させた青年の逞しさは、私たちのお手本です。

どんなに綿密に計画された夢でも、忍耐力なくして叶うことはありません。何事も途中で諦めず、目標と希望をもって前に進む芯の強さが必要です。画家をめざした青年も、プラス思考と同時に身体障害という社会的ハンディキャップに耐える力を持ち合わせていたのでしょう。

由貴さんの悩みは、父親のすさんだ生活態度です。遊園地を経営するほどの運気の強さがある反面、強い中途挫折の因縁もある父親には、自己破壊の傾向もあり、やがて家庭をも崩壊するのではないかと心配する家族の様子が伺えます。

悪しき因縁を解脱せしめる成仏法と縁ができたことで、白井家が良い方向へ舵を切っていることに間違いはありません。荒れる父親も持ち前の運気の強さから今後立ち直ることも十分考えられます。あとは家族の忍耐と優しさです。

家族が辛抱し希望を失わなければ、また明るい笑顔が家庭に戻ってきます。めげず、落ち込まず、前をしっかり見据えて歩き続けましょう。

でも…友達なんてできないよ
あんまり違いすぎて…話すこと…ないもん
【第11話】不思議な声がして…
由貴ちゃん…
そう、私の家は父の問題で大変なのに
おは〜スマ×スマみた〜？
みたヨ〜♡中○くんかっこいい！
私こんどコンサート行くんだ
いいなあ私もファンクラブ入ろうかなあ
…

由貴さんはさ～ スマとか みないの～?
クスクス…
…
うち、テレビ 壊れたまんま つかないから なんにも みないよ
ザワッ
ウッソ
何ソレ
…
私は…どんどん 孤立していき ました
どうせ私は 他の子とちがう から…
唯一の救いは 母とやっていた 信仰でした
学校では居場所のない私は そこでだけ優しくして くれる大人に会えたので

由貴さんはお母さんもそうだけど熱心だね
今の悩みは何？
学校で友達できないことかな…
正直気持ちは暗くなる
私はね五千万の借金があったけど
一生懸命修行を続けながら働いたら返し終わったんだよ
本当に!?
私は経典を持ち歩きました
あ、ゴミ由貴だ
だせー
くっせー
臭いのとってやるよ──!
由貴ステキ〜
水もしたたるいい女ぁ♡

ギャハハ！
だ…大丈夫…早く帰って修行しよう
ブルルッ
経典を読むと不思議と気持ちが落ち着きました
また…明日一日頑張れば夜にはまた修行できるし…
私は修行だけが楽しみで毎日を過ごしていたのです …でも
学校辞めたら？
あんた目ざわりなのよねえ
それともそこから落ちる？
楽になれるよ
え⁉

コラーッ! お前ら 何してるっ!
!
たまたま 救われましたが
さらにその日 父も…
あなた 何してるん です…!
お酒を呑み過ぎて 壁に頭を 打ちつけていました
もういや … 死にたい
でも…
どうやったら 楽に死ねる んだろ…
そのときです
がんばれ よ…
誰!?
不思議な声が したのです…!

経典を読むことが、因縁を解き、家族を幸せに導く〝土台〟

「仏法とは何か」という問いに、ある高僧が答えた有名な言葉があります。それは「衆善奉行、諸悪莫作」、つまり、もろもろの悪いことはするな、善いことをせよ、という教えです。

しかし、善悪の基準は人により、時代によって変わるもので、そこに絶対的な善がなければ意味はありません。ところが、あるのです。それは「仏の教えを実践して行く」ということです。

なぜ、仏の教えなのか？

人間のつくった教えや道徳は時や場所によって価値が変わりますが、完全なる解脱をめざす仏の教えは常に正しく善なのです。具体的には、一日二十四時間の内、何分の一かは仏に捧げること。三十分以上は経典を読むことにし、徳を積むこと。経典を読んでいる時こそ仏界にいることになるので、修羅界、地獄界、餓鬼界に落ちやすい私たちにとって、経典を開いて心静かに読誦することがいかに大切であるかがわかります。

因縁には、国土の因縁、家の因縁、人の因縁とあり、そのすべてを切ってこの世を極楽浄土とするのが御本尊の目的です。『仏舎利宝珠尊和讃』がそのことを指し示しています。

例えどんなに貧困にあえぎ、重い病に罹っていようとも、心から宝生解脱を祈り礼拝供養するならば、富貴の身となり難病も癒える、と説かれているのです。

幸不幸は経済状態や心身の健康がその分岐点となる場合が多いのですが、それは先祖と自分の前世の業からくる因縁に深く関わっており、日々の修行によって因縁を浄化していくことで不幸を免れることができるわけです。

分かりやすくいえば、日々の修行は因縁を解く「土台」となるものです。その上に立って、修行を積んで行くことが仏様の

本意なのです。

主人公の由貴さんは、聖典勤行によって先祖からの因縁が浄化され、すさんだ家庭環境にあっても「不思議に気持ちが落ち着く」という心境になりました。自分が変われば周囲も自然に変わってきます。

そして、常に家族の幸せを祈りながら修行を続けていけば必ず光明が見えてきます。

【第12話】自分が変われば、世界も変わる

がんばれよ
誰!?
…死ぬなって…いってくれたの…
仏さまが見守ってくださるの？
それから…いじめられても「死ぬのはあとまわしでいい」って気持ちが出てきて
とりあえず学校は行けてます

よかった…
私もそうだし
仏さまも……
みんなあなたを
みてるのよ
だから絶対に
死んではダメ
…
はい
あ～
由貴が
きた—
ダセ—
臭っせ～
アハハハハ
暗ら～
キャハハハハ
…
ケロリ
あたし
臭いかな～？
昨日も
お風呂
入ったよ？
何がヘンか
教えて—

ザワ
な…
なんだろね？
気分…？
…
あいさつ
がわり？
明らかに
あの声が
私に…
よい変化を
与えて
くれたのです
私は私
「自分はかわってるから
友達できない」
だからいじめられても
仕方ないって思ってて
密教占星術
でも仕方なくないし
元々は自分が心を
閉ざしたから
いじめられたって
自分のせいって
思えるように
なって

うん！
ステキな変化
そのままいけば
良く変わるよ
世界は由貴ちゃんの
心の映し鏡なのよ
だとしたら
…私がスナオな
気持ちで生きれば
親もよく
なってくれるし
きっと世界が
私にやさしく
してくれますよね
勿論！
そうして彼女は
どんどんかわって
いったのです

○○○道
ASUKAさん!
就職決まりました!
銀行です!ちょっとがんばったでしょ?
すごいねえ
我ながら自分を見違えちゃいました
あの時………
「がんばれよ」っていってもらったおかげです
うんあと由貴ちゃんは親をうらまなかったそれが良かった
苦しみは結局自分の因縁からきてるから
それに自分が産まれてきたのは両親のおかげなので…それも感謝しなくっちゃ…
うん素直に生きてられたらいいし
みんな仏道にたどりつくまでの道だったのかも

よい縁をつくる最高の縁は成仏法

苦しみや悩みに囚われていると、それが永遠に続くかのように感じられます。しかもその原因が他人や環境にあると思えば、恨みや憎しみが加わる上に、自分ひとりでは解決できないことに苛立ち、さらに苦痛を味わうことになります。

しかし、他人や環境を自分の思う通りに変えることは至難の業。鉄棒を手で折り曲げるようなものです。それより、自分自身を変えるほうがはるかに簡単です。

自分に関わる苦しみは他者との「縁」によって生じたものであり、その縁は自分の持つ「因」によって生じます。そして、「縁」を変えて、「因」を断ち切るのがお釈迦さまの成仏法なのです。「あらゆるものが縁によって生じ、縁によって滅するのです。

縁によって起こるということは、縁によってなくなるということでもあります。……

物も人の因縁もすべて縁しだいだからこそ、わたくしたちは救われるのです」（『仏陀の真実の教えを説く（上）』桐山靖雄著　平河出版社）

その私たちを救う縁こそが、因縁解脱の成仏法であるといっています。縁は縁によってしか消えない、ということであり、良い縁を与えれば良い因縁となって幸せになり、反対に悪い縁を与えれば悪因縁となって自分を苦しめることになります。因縁は実在するものではなく、縁によって変幻自在に変わっていく「空」なのです。

主人公の由貴さんは、周囲からのイジメも自分に原因があると考えるようになってから気持ちに変化が現れ、親に対しても素直になれるようになりました。それは、経典を読むことによって成仏法という縁が彼女を変えたからに他ありません。

参考・引用文献

桐山靖雄著

『説法六十心・1、2』(平河出版社)
『チャンネルをまわせ』(平河出版社)
『アラディンの魔法のランプ』(阿含宗出版社)
『密教・超能力の秘密』(平河出版社)
『守護霊が持てる冥徳供養』(平河出版社)
『仏陀の真実の教えを説く・上』(平河出版社)
『幸福への原理』(平河出版社)
『さあ、やるぞかならず勝つ①〜⑫』(平河出版社)

桐山靖雄著作

『密教・超能力の秘密』

『密教・超能力のカリキュラム』

『密教占星術I・II』

『説法六十心1・2』

『チャンネルをまわせ』

『密教誕生』

『人間改造の原理と方法』

『阿含密教いま』

『守護霊を持て』

『続・守護霊を持て』

『龍神が翔ぶ』

『霊障を解く』

『一九九九年カルマと霊障からの脱出』

『輪廻する葦』

『間脳思考』

『心のしおり』

『愛のために智恵を智恵のために愛を』

『末世成仏本尊経講義』

『守護霊の系譜』

『一九九九年地球壊滅』

『守護仏の奇蹟』

『求聞持聡明法秘伝』

『さあ、やるぞかならず勝つ①～⑫』

『仏陀の法』

『守護霊が持てる冥徳供養』

『密教占星術入門』

『人は輪廻転生するか』

『君は誰れの輪廻転生か』

『般若心経瞑想法』

『一九九九年七の月が来る』

『オウム真理教と阿含宗』

『阿含仏教・超能力の秘密』

『脳と心の革命瞑想』

『阿含仏教・超奇蹟の秘密』

『社会科学としての阿含仏教』

『「止観」の源流としての阿含仏教』

『一九九九年七の月よ、さらば!』

『21世紀は智慧の時代』

『21st Century: The Age of Sophia』

『You Have Been Here Before』

『ニューヨークより世界に向けて発信す』

『THE WISDOM OF THE GOMA FIRE CEREMONY』

『The Marvel of Spiritual Transformation』

『実践般若心経瞑想法』

『変身の原理』

『幸福への原理』

『守護神を持て』

『仏陀の真実の教えを説く・上』

（以上平河出版社）

◆

『アラディンの魔法のランプ』

（阿含宗出版社）

『念力』

『超脳思考をめざせ』

（以上徳間書店）

『密教入門―求聞持聡明法の秘密』

（角川選書）等。

連絡先——阿含宗に関するご質問・お問い合わせは左記まで

●

阿含宗本山・釈迦山大菩提寺　京都市山科区北花山大峰町

関東別院	〒108-8318	東京都港区三田四—一四—一五	TEL（〇三）三七六九—一九三一
関西総本部	〒605-0031	京都市東山区三条通り神宮道上ル	TEL（〇七五）七六一—一一四一
北海道本部	〒004-0053	札幌市厚別区厚別中央三条三丁目	TEL（〇一一）八九二—九八九一
東北本部	〒984-0051	仙台市若林区新寺一—三—一	TEL（〇二二）二九九—五五七一
東海本部	〒460-0017	名古屋市中区松原三—一三—二五	TEL（〇五二）三二四—五五五〇
北陸本部	〒920-0902	金沢市尾張町二—一一—二二	TEL（〇七六）二二四—二六六六
九州本部	〒812-0041	福岡市博多区吉塚五—六—三五	TEL（〇九二）六一一—六九〇一
大阪道場	〒531-0072	大阪市北区豊崎三—九—七いずみビル一階	TEL（〇六）六三七六—二七二五
神戸道場	〒651-0084	神戸市中央区磯辺通り二—一—一二	TEL（〇七八）二三一—五一五二
広島道場	〒733-0002	広島市西区楠木町一—一三—二六	TEL（〇八二）二九三—一六〇〇
横浜道場	〒231-0012	横浜市中区相生町四—七五 JTB・YN馬車道ビル五階・六階	TEL（〇四五）六五〇—二〇五一
沖縄道場	〒900-0031	那覇市若狭一—一〇—九	TEL（〇九八）八六三—八七四三

●インターネットで阿含宗を紹介——阿含宗ホームページ　http://www.agon.org/

桐山靖雄（きりやませいゆう）
阿含宗管長、中国・国立北京大学名誉教授、中国・国立中山大学名誉教授、中国・国立佛学院（仏教大学）名誉教授、サンフランシスコ大学理事、モンゴル国立大学学術名誉教授・名誉哲学博士、タイ王国・国立タマサート大学ジャーナリズム・マスコミュニケーション学名誉博士、ロンドン大学SOAS名誉フェローシップ等。

ASUKA（あすか）
漫画家・作家・歌手・評論家・コメンテーター

あなたの人生をナビゲーション

二〇一一年二月十日　第一版第一刷発行
二〇一一年十一月十五日　第一版第三刷発行

監　修　桐山靖雄
画　　　ＡＳＵＫＡ

発行者　森真智子
発行所　株式会社平河出版社
東京都港区三田三―四―八　〒一〇八―〇〇七三
電話（〇三）三四五四―四八八五
ＦＡＸ（〇三）五四八四―一六六〇
振替〇〇一一〇―四―一一七三二四
http://www.hirakawa-shuppan.co.jp

印刷所　凸版印刷株式会社

落丁・乱丁本はお取り替えいたします。
Printed in Japan
ISBN978-4-89203-338-4 C0015

初出――「アゴン・マガジン」（阿含宗出版部）二〇〇九年一月〜二〇一〇年一月号に掲載された〈人生ＮＡＶＩ〉に加筆・修正しました。